JN440259

누가 엄마에게 한숨을 선물했을까

안문 시집

문학의전당 시인선
362

누가 엄마에게 한숨을 선물했을까

안문 시집

문학의전당

시인의 말

마당에는 분홍낮달맞이꽃이 한창이다.
맨발로 뛰어나오던 분은 바람으로만 반긴다.

바람이 비우고 채우던 곳을 조금씩 채워 내보내려 한다.
부끄러워 얼굴이 붉어지지만,
하늘거리는 분홍낮달맞이꽃을 보며 용기를 낸다.

인복이 많음에 항상 감사하는 마음으로 살겠다.
먼 곳에 계시는 두 분 어머니께도
이 마음이 전해지길 바란다.

2023년 7월
안문

차례

제2부

제3부

제4부

제1부

누워서 침 뱉기

누워서 침 뱉고
누워서 침을 뱉어 보고
누워서 자기 얼굴에 침을 뱉고
침을 뱉으니 얼굴에 침이 떨어지고
누워서 오른쪽으로 왼쪽으로 앞으로 뒤로
침 뱉는 짓을 자꾸만 하고
자꾸만 누워서 침을 뱉는 자는
자기 침은 맑은 수정 같은 물이고
더러운 침이 절대 아니고 이렇게 맑은 침은 널리
인류를 위해 공중으로 전파되는 것이라 하고
콧등에서부터 침이 딱지처럼 쌓이고
코끼리 등껍질보다 두꺼운 둑이 생기고
입술은 누런 거품을 불고
코는 피노키오보다 긴 코가 되었고
누워서 뱉는 침은 얼굴로 떨어지지 않고
내 침을 받아내는 개미부대가 있으리라는
하나님의 계시가 있었다고 믿느니라

메르스

너를 만나 어디론가 날아갔다

낙타의 나라에서 평택까지 쳐들어오고
평택에 사는 나는
네가 그리워도 보고 싶다고
보고 싶다고 내가 간다고 말조차 할 수도 없게 되었다

너의 존재가
틈새 없는 틈을 만들었다

엉엉 울면
눈물을 타고 올까
하하 웃으면
입 벌린 천장에 숨어들까
많고 많은 저승사자 길잡이들
너처럼 방귀 소리 요란스러울까

목련

행운정 이발소와 행복장 여관
허물어진 담장 사이에
하얀 목련이 꽃을 피웠다
마저 털어내지 못한 사연들이 던져지던
구석진 그곳이 눈이 부시다
좁은 담장 위로 만발한 꽃송이
떨어지는 꽃잎이
끔뻑거리는 황소의 커다란 눈을 생각나게 한다는
그래서 목련이 피면 슬프다는
머리 희끗희끗한 남자는
떡방앗간 형님과 형제축산 동생과
막걸리를 마신다
이발소 삼색등이 뱅글뱅글 돌고
현란한 여관 간판도 오르락내리락
달빛 받은 목련이 밤새 하얀 사연들을 속살거린다
황소 눈을 닮은 남자
술잔에 눈이 부셔 흐르는 눈물이 슬프고
목련이 커다란 잎을 떨어뜨려 또 슬프다

양은도시락을 추억함

버스에서 잃어버린 딸내미의 도시락
주인의 배고픔을 걱정이나 하고 있을까
갖은 정성을 섞어서
새벽부터 만든 도시락은 어디 두고
집으로 돌아오는 딸의 빈손이 먼저 보인다
등굣길의 복잡한 버스에 두고 내렸단다
엄마의 마음으로 만든 도시락
무심한 사람들의 발길에 차여 쏟아지지나 않았는지
있는 걱정 없는 걱정 다 해본다
김치와 보리밥의 도시락을
책가방에 꼭꼭 숨기고 다니던 시절이 있었다
시큼한 김치 냄새가 양은도시락을 넘어 나올까 봐
마음 졸이곤 했었다
책가방 깊숙이 넣어 다니며
점심시간만 기다리던 나의 학창 시절
사각의 노란 양은도시락 속 김치와 보리밥은
오늘의 진수성찬과 다를 바 없는 귀한 음식이었다
그 도시락을 까먹으며

청춘 찬가를 부르고
시인으로 여자로 엄마로의 성장을 꿈꾸던
내 생의 격변기는 아무 탈 없이 잘도 여물었다

절벽 위의 진달래

사월의 부드러운 바람을 마시며
저 단애의 바위틈에
꽃을 피운 진달래
누가 볼까나
누가 만질까나
누가 꺾어갈까나
아지랑이도 못 오르는 바위틈에
뿌리를 내렸네
꽃피는 사월에
진도 앞바다를 헤매던 넋이었던 듯
높은 바위틈에서
연분홍 꽃잎이 흔들리고 있다
바람인 듯 꽃인 듯
햇살에 부서지는 영혼인 듯
하늘 향한 그리움으로
천애를 애태우는 통곡이어라
아름다운 절규여라
사랑의 비명이어라

새벽의 전철역

찬바람 휘몰아치는 전철역
술태배기는 은근슬쩍 빠져나가고
잘근잘근 씹혀진 오징어
게슴츠레 전봇대 옆에 납작 엎드렸다
밤사이 욕망의 찌꺼기들 게워낸 몸뚱이는
파란 와이셔츠 넥타이 졸라매고
만원 전철의 롱 다리 섹시하게 훔친다
멀리 비질하는 늙은 청소부의 욕지기는
담배꽁초 몇 개와
양철 쓰레받기 안으로 쏙쏙 들어간다
가끔은 찬바람이 심술부려도
어디론가 재빠르게 사라지는 걸음들
그래도 새벽은 온다

두엄 내던 날

언 땅이 녹으면
농부들은 농경에 뛰어든다
겨우내 쉬던 땅에
거름을 뿌리고 기경이 시작되면
리어카에 두엄을 싣고
엄마는 앞에서 끌고 나는 뒤에서 밀었다
학교 앞 고추밭에 거름을 내던 날
수학 문제에 틀린 숫자만큼
종아리에 빨갛게 그어진 줄을
보라색 체육복에 숨긴 채
학교에서 놀고 있는 친구들을 부럽게 바라보며
밭고랑에 구부러진 엄마를 모르는 척할까 고민한다
고추를 수확하면
검정 구두 사 준다는 엄마 말이 귓가를 맴돌아
삼태기에 거름을 담아
밭고랑에 휙휙 뿌리며 앞으로 나간다
칠월이면 빨간 고추가 주렁주렁 열리고
밭고랑의 강낭콩도 마루 가득 말라갈 것이다

고추를 따다가 목마를 때 뚝 잘라 씹으면
입안 가득 고이는 단물에 마음을 돌린다
내 키보다 더 자랄 옥수숫대와 단수숫대를
떠올리며 엄마와 함께 거름을 내던
농경의 날들을 잊지 못한다

때늦은 후회

꼬물꼬물 입안에 애벌레가 다니는 것 같더니
드디어 잇몸을 쑤시고 다닌다
고통이 육신의 칠 할을 지배한다
젖니 솟아나면서 젖꼭지 깨물리던 엄마는
붉은 젖살 뚫고 나오는 하얀 치아에 감동하여
비명조차 안으로 삼키곤 했다는데
단맛 쓴맛 함께 겪은 세월은
돌멩이도 씹어 넘기던 그 단단한 틈새로
낯선 식구를 들여앉힌다
너와 나의 눈빛을 시샘하는지
비밀스러운 공간에 얄미운 친구도 끼어들었다
고통도 함께하는 거라고
잠자리에서도 욱신거리는 나의 사랑니
무심하게 버려둔 충치의 해찰에 몸살 앓으며
때늦은 후회의 땜질을 한다
아픈 사랑의 생채기에 보수공사를 한다

빗자루

목요일 새벽 어김없이
할아버지는 육교 밑에서 비질을 한다
텃밭의 상추며 쑥갓 깻잎 등으로
좌판을 준비하는 할머니를 위해서다
오빠의 대빗자루 소리는 아침 단잠까지 쓸어낸다
동생은 싸리비로 마당을 쓸고
나는 눈을 비비며 고운 갈대비로
방과 마루를 쓸어내던 분주한 아침들이 있었다
엄마는 수숫대 빗자루로 토방이며 부엌을 쓸고
불을 지펴 아침밥을 지었다
하루가 빗자루로 열리던 유년 시절이었다
때로는 동생들과 싸울 때
엄마의 무기가 되기도 했던 빗자루
청소기에 밀려난 그것들을 들고
더러는 추억을 되새기며 마음을 쓸고 닦기도 한다
목요일 새벽, 할아버지가 아무리 쓸어도
윤나지 않는 시멘트 바닥을 보며
유년의 빗자루들을 총동원해 본다

뒤란 풍경

돌담 사이로 애기똥풀이 노란 웃음을 쏟아내고
간장 된장 고추장 항아리 뚜껑을 열고
햇빛을 담뿍 받아내던 어느 날
암탉의 비밀 둥지가 털렸다
주인 몰래 풀숲에서 품고 있던 알들
동네 꼬마 녀석들의 숨바꼭질에
달걀 열 개는 뽀빠이 과자와 맞바꾸어졌다
뒤뚱뒤뚱 따르는 노랑이들의 엄마가 되고픈
암탉의 울음소리는
개구쟁이들의 입안으로 사라져야만 했다
병아리가 되지 못한 알들은
어떤 집 장손의 밥그릇 속을 채우고 있을 것이다
맨드라미 봉숭아가 두서없이 피어나고
난쟁이 채송화가 장독대를 둘레 치는 사이
어린 오이 가지는 우리들의 싱그러운 간식이 되곤 했다
바람은 개구쟁이 발소리에 어린 가지를
보라색 이파리 뒤로 숨기고
초가지붕 깊숙이 눌러앉은 여왕벌을 향하여

일벌들은 부지런히 꿀을 물어 나른다
여왕벌을 향한 벌들의 짝사랑은
처마 끝에서 한여름 뙤약볕을 달군다
사랑은 널고 노역은 길다

마루

하얀 눈 수북이 쌓여 겨울 햇살에 말려지고
담벼락 귀퉁이에 꼬부라진 쑥부쟁이가
집안을 살피고 있던 곳

봄이면
어린 쑥이며 취나물 고사리가
봄볕을 끌어들이던 곳

여름이면
완두콩 강낭콩이 수북이 쌓이고
콩꼬투리가 마당 모깃불에 던져지던 곳

가을이면
수탉이 흘리고 간 달기똥이
뿌연 먼지와 햇살에 말라가던 곳

처마 밑에서는
대바구니 속 보리밥

바람에 그네를 타던 곳
강아지 복돌이 얼굴이 그려지는 말캉
때로는 그곳이 그립다

신발

현관에서 만난 신발들
밖에서 무얼 하고 왔을까
뒷굽이 비스듬하게 낡은 아빠 구두
엄마의 빨간 뾰족구두
아들 딸 운동화
돌아온 가족들의 분신
가족들을 집으로 인도한 충견 같은 신발들
무사히 돌아온 신발들끼리
하루의 행방을 묻고 있는지도 모른다
첫아이를 가진 후 예쁜 신발부터 샀다
앙증맞고 예쁜 신발을 마주하고
아장아장 걷는 아이를 생각하며
얘기를 나누었다
바둑이와 같이 뒹구는 토방 위의 신발들
이부자리 하나로 싸우던 오 남매
윗목에서 못 본 척 구멍 난 양말을 깁던 엄마
시린 달빛 아래 초가지붕의 하얀 박꽃이
잇몸을 드러내며 웃고 있었다

숫자 1

핸드폰에 남겨진 숫자 1
1은
처음이고
시작이고
엄지이고 일등이었어요
1은
설렘이고
사랑이고
하나님이었어요

그대와의 카톡에서 지워지지 않는 숫자 1
1은
혼자이고
외로움이고
그대에게 가지 못하는 마음이고
그대의 빈자리입니다
아릿한 아픔입니다
오지 않는 그대의 마음입니다

분리수거함

아장아장 순이의 요구르트
나 하나 동생 하나 사랑이 가득
똘똘한 철이의 우유팩
우유 많이 먹어야 키 크고 공부 잘한다는 엄마 잔소리
긴 머리 영희 씨의 주스병
애인 자랑하는 수다쟁이 친구가 부러운 마음
더벅머리 총각의 찌그러진 맥주캔엔
과장님의 잔소리 담고
운동복 아줌마가 떨썩 내팽개친 종이상자에는
술 취한 남편과 화장실에서 노닥거리던 신문쪼가리
그들은 버리듯이 주고 갑니다
그들이 던지는 삶의 찌꺼기들이
나에게는 선물입니다
그들이 버리고 간 구두와 날개옷을 고이 간직합니다
구부정한 영감님의 방한복이 되고
경비실의 푹신한 의자가 되어 새 삶을 시작합니다
노인정의 시계가 되어 댕댕 종을 울립니다
세상을 날아다니는 나는

세상에서 가장 행복합니다
폐품들이 전하는 그들의 이야기가
나를 행복하게 합니다

등

누워서 맞대면
울음이 나지
우린 싸운 거지

앉아서 맞대면
웃음이 나지
우리 운동하는 거지

일어서서 맞대면
불끈 힘이 나지
우리는 서로를 보호하는 거지

제2부

우슬

창가에 신문지를 펴놓고 시골서 올라온 보자기를 연다
쇠무릎 마른 뿌리가 쏟아진다
아들의 무릎이 아프다는 소리에
어머니가 우슬을 보내왔다
쟁기를 끌어 논을 갈고 밭을 갈며 봄을 보낸 소
그 소의 무릎을 닮은 풀
잎과 잎의 마디가 소의 무릎을 닮아 쇠무릎이라 불리는 풀
쭉 뻗은 뿌리가 어혈을 풀어줘 관절에 좋다고 하는 풀
어머니가 들판에 나가 캐어 말리어 보냈다
평생을 무릎을 흙에 대고 소처럼 사신 어머니
닳아버린 무릎을 쇠무릎 뿌리에 의지하며
쇠무릎 캐느라 무릎걸음 하셨을 어머니
창으로 흘러들어 어깨를 감싸는 서 햇살의 따사로움이
어머니의 무릎에도 깃들기를 빈다

어느 여름밤

툇마루의 멍멍이 킁킁킁 콧구멍만 벌름벌름
고샅을 망보는 밤
창호지를 타고 내려온 달빛이
윗목에서 어깨를 들썩이며 훌쩍이는 어머니를
측은한 듯 내려다보고 있다
들녘에서는
낮에 있었던 논의 물꼬 싸움은 다 잊은 듯
개구리 울음소리 요란하고
뒷산의 아카시아 꽃향기는
어린아이의 마음속을 파고든다
외양간의 게으른 황소야
커다란 눈만 멀뚱멀뚱 모르는 척하지 마라
찰방대는 논에서의 어른들의 물꼬 싸움
푸르름이 넘실대는 들판에서
너도 보지 않았느냐
허풍쟁이 개구리, 배불뚝이 맹꽁이야
밥풀때기 닮은 꽃향기야
울 엄마 울리지 말아라

호롱불이 아른아른
넘어가는 책장엔 방울방울 눈물방울 얼룩진다

저물녘

저녁밥을 짓는다
거실의 불을 켜고 창밖을 보는 기다림의 시간
현관 밖의 기척 소리에 귀를 세운다
어스름이 스멀스멀 스며든다
곧 식구들이 들이닥칠 것이다
회사에서 학교에서 시달렸을 남편과 아이들
이마의 주름을 세우고 인상을 구기고 들어오더라도
이내 따뜻해지는 가슴들이다

어릴 적 저녁 무렵
문이야! 엄마가 부르시면
에잇~ 더 놀아야 하는데 엄마가 부르는 소리에
굴뚝의 연기가 반갑기도, 아쉽기도 했던
아쉬움과 반가움이 교차하던 그 시간
불빛이 새어 나오는 집으로 들어와 눌러앉던 어스름
사랑과 고단함이 들고나는 엄마의 품속 같았다

저녁의 어스름은 기다림이다

남편을 기다리고
아이들의 귀가를 기다린다
등 굽은 엄마는 아들 딸을 기다리고
밥상의 반찬들은 주인을 기다리는
아늑한 어스름이 마냥 좋다

고구마 두지

긴 수숫대를 엮어 만든 고구마 두지는
겨울 한철 안방의 주인이었다
길기만 한 겨울밤 숨바꼭질에 지치면
헌 옷가지가 이불처럼 덮여 있던 고구마 두지*에서
생고구마를 꺼내 깎아 먹곤 했다
담장의 눈 속에 낮에 묻어둔 고구마
살짝 언 것은 이가 시리도록 달달하고 맛이 깊었다
사각사각 눈을 밟으며
사각사각 고구마를 베어 먹으면
밤하늘의 달과 별들도 지상으로 내려와
사각사각 함께 걸어가곤 했다
한겨울 긴 밤은 갓 삶은 고구마처럼 따뜻했다

*나락이나 기타 곡식을 저장해두던 곳.

엄마라는 철학

택배가 왔다
상자를 열자마자 봄이 쏟아진다
냉이 민들레 돌나물 여린 쑥들이
한 보따리씩 들려 나온다
보따리 풀어주니 봄의 향기들이
집안을 마구 돌아다닌다
마지막에 들려 나오는 청국장 한 덩어리
구수하고 쿼쿼한 냄새가
엄마라는 철학을 대신 전해준다
마당의 수선화가 노랗게 꽃을 피웠으니
보러 오너라, 한번 다녀가거라
엄마의 삐뚤삐뚤한 글씨가 한쪽에 자리하고 있다
암탉이 봄기운에 알을 쑥쑥 살 낳는다는 말은
추신처럼 적혀 있다
봄 햇살이 익어가는 장독대 위에서
나풀나풀 나풀거리는 머릿수건이
나의 두 눈에 어룽지는 봄날이다

빨간 커피포트

성남 수진리고개
파란 대문 옆에 쪽문을 밀고 들어서면
잠깐 머물던 스무 살의 작은 둥지가 있었다
언 손을 녹이며 연탄불에 냄비 밥을 짓던 시절
빨간 커피포트도 하나 있었다
물을 끓이고 커피를 타는 시간에는
덜컹덜컹 창을 흔드는 바람의 심술도 무섭지 않았다
시골에서 막내딸을 살피러 온 엄마
딸을 기다리며 연탄불에 밥을 짓고
커피포트에 고등어를 졸여 놓았다
고등어조림은 잘 먹었지만 비린내가 남아
한동안은 커피를 마실 수가 없었다
대신 갈치조림, 조기매운탕이 커피포트에 끓곤 했다
지금도 커피를 탈 때마다
가끔 그 빨간 커피포트가 생각나는 것은
맛있게 먹은 추억 때문만은 아니다
어머니는 어떻게 커피포트에 고등어 조림 생각을 했을까
여분의 냄비가 없던 단출한 세간

생선 한 토막 먹이고 싶던 어머니의 마음이
보글보글 끓고 있던 빨간 커피포트
나의 뇌리에 사랑으로 각인되어 있다

은사시나무

은사시나무 한그루
햇살 받아 눈부시게 뒤척이고 있다
쭉쭉 뻗어가는 나무를 품고 있는 늙은 주목
연필심처럼 꽉 박혀서 주목의 심장부가 되었다
주목의 한가운데 자리를 차지한 은사시나무
주목은 제 몸을 은사시나무에게 내주고 말았다
삭아 가는 주목의 몸에 씨앗을 틔워
어엿한 청년으로 자란 은사시나무를 무연히 바라보니
엄마의 가슴에 숭숭 구멍을 내고
바람이 드나들게 하면서 자라온 나를 보는 것 같다
스스로 자라는 줄 알았던 내가 잠시 멈칫거린다
내 힘으로 이룬 일은 아무것도 없었다는 것을
아주 한참 뒤에 알았다
바스러져 가는 엄마를 알았을 때는
오대산 두로령에서 은사시나무를 품은 주목처럼
다시 일어설 수 없는 상황이었다
다만 나의 삶을 지켜볼 뿐이었다
반짝이는 은사시나무를 자랑스러워할 뿐이었다

햇빛이 찬란하면 더욱 빛나는 삶이고자 하는 저 나무
뿌리까지 내어준 주목의 삶까지
더불어 살아내고 있다

옛집

정지문을 열고 내다보던 어머니
한 손에는 검불이 한 손에는 부지깽이가 들려 있다
생솔가지에 불이 잘 안 붙는지
생 연기에 연신 흐르는 눈물을 닦아내며
숯검정이 잔뜩 묻은 얼굴
그래도 예쁘기만 했다
사립문 밖을 나서면 장마철에 발을 헛디뎌
신작로 다리 밑까지 떠내려가던 도랑물이 졸졸거렸다
빨래를 한답시고 넓적한 돌에 앉아
거품놀이에 정신이 팔려 있을 즈음
아까운 비누 다 닳는다는 엄마의 고함 소리도
동무와의 물장난에 시원하기만 했다
마루에 걸터앉으면 내 발가락을 핥던 누렁이
마루 아래 짚으로 엮은 누렁이 집에는
짝 잃은 양말이며 고무신이 짚새기와 뒹굴고 있었다
방귀를 붕붕거리며 새끼를 꼬던 어머니
그 궁둥이에 달라붙어 엎드려 놀던
내 어머니의 흙집

엄마의 아침

딸아이 도시락을 싸며 시작되는 하루
엄마보다 늦게 잠자리에 드는 아이가 안쓰러워
조금이라도 더 재우고 싶은 어미 마음
늦게 깨웠다고 투덜거리는 아이
밥상에 앉혀 놓고
아이의 긴 머리를 드라이기로 말려준다
나보다 훌쩍 커버린 고3의 딸
나는 딸의 머리카락을 매만지며
엄마의 까칠까칠했던 손길을 떠올린다
어릴 적 나의 아침엔 엄마가 없었다
동이 트기도 전에 논밭으로 나가야 했으므로,
발에 묻은 흙도 채 털지 못하고
부리나케 들어오셔서 도시락을 챙기곤 했다
하루에 서너 번 오는 버스를 놓칠까 봐
엄마는 딸의 책가방을 들고 뛰었다
큰길가에서 큰 버스를 붙잡고
게으른 나를 기다리고 있었다

땅비싸리

3월에 날아간 엄마가
5월에 땅비싸리로 돌아오셨나 보다
엄마의 향기가 가득하다

오 남매의 눈물이 뿌려지고
햇살이 내려앉고
아지랑이가 아롱거리던 자리에
땅비싸리*가 분홍색 꽃을 피웠다

외로움을 많이 타는 엄마가
좁고도 넓은 그곳을
땅비싸리꽃으로 꽉 채워놓은 것이다

엄마가 거주하고 있는
마을이 내려다보이는 그곳이 꽃밭이었다
꽃들은 엄마의 얼굴인 듯
바람은 엄마의 입김인 듯

하늘거리는 땅비싸리꽃을 매만지며
생전의 엄마를 본다

---

*콩과의 낙엽 활엽 관목.

즐거운 벌금

나이 사십에 먼 이국에서 업어온 꽃
밤마다 친정엄마 보고 싶다 울더이다
없는 살림에 빚내어 여비 챙겨 보냈더니 감감무소식
이제나저제나 문지방을 넘나들며 며늘아기 찾으시던
늙은 아버지 하늘나라 가더이다
마누라는 오지 않고 아버지는 떠나시고
어머니마저 돌아누운 집
먼 하늘만 바라보며 담배 연기 뿜어내던 사내
연기처럼 사라졌네
아버지 무덤가에 자라난 고사리는 수북이 말라가고
몇 해가 지나도 그놈은 아니 오고
잔디밭엔 쑥들이 쑥쑥 자라
아버지 계신 곳은 쑥대밭이 되더이다
산길 오르는 골짜기에 개불알풀꽃 피던 날
우체부가 가져다준 종이 한 장, 벌금 통지서
면사무소 들고 가서 묻고 물으니
담배 피우다 걸려서 벌금이 나온 것 같다는 맥없는 대답
아하, 그놈이 어딘가에 살아있구나

살아서 메마른 굴뚝에 연기를 내고 있구나
우체부가 고맙구나
사내의 노모는 팔만 원과 벌금 통지서를
그놈의 목숨인 양 가슴에 품고 우체국으로 달려가더이다

어머니의 새참

헐렁한 몸빼바지 입고
색 없는 고무신 신으셨네
그것마저도 밭고랑에
들어설 땐 맨발이지요
바구니 속 한 끼니는
꽁보리밥에 긴 무청김치
하늘의 뭉게구름은
어머니의 새참

막걸리 한 모금에 긴 한숨은
밭고랑에 뿌려지고
빈 잔에는
붉은 웃음이 묻어나는
수줍은 웃음이 숨어 있어
선들바람에도 울렁이는
새색시라네

당신에게 가는 날

왁자지껄
아이들 소란에 깨어나는 대숲
바스락거리는 나뭇잎 삭정이 사이로
뒷마당 후미진 곳 집터 삼아
지렁이 꿈틀꿈틀
꼼지락거리는 연둣빛 새싹 사이로
봄물이 스며드는 우물터
곰삭아진 나뭇잎
토방 위에 쏟아지는 봄볕 사이로
빈집 거울 속 님의 얼굴
연분홍 살구꽃 사이로 주름진 문패가 흔들린다
당신의 낡은 고무신을 안고 간다
푸른 신발 신고서 노란 꽃 피운 수선화 사이로
봄이 오는 소리 들린다

동심원

숨찬 오르막길에 올라서니
똘감 몇 개가 발그스레한 웃음으로 맞이한다
저것들, 오래전 늙은 몸을 이끌고 아버지 찾아오던
엄마에게도 저런 웃음으로 맞이했을 것이다
홍시를 좋아하던 엄마는
저 길을 올라가 여태 내려오지 않는다
한번 치고 오른 능선
쥐밤이 다람쥐를 피해 낙엽 사이에 숨어 있다
토끼똥, 염소똥이 산길을 구르고
손닿을 것 같은 나무에 정금이
새콤달콤한 침을 소환한다
대지와 하나가 된 엄마의 동그란 초옥
그 동심원 안에서
소나무가 떨어뜨린 씨앗도 틔우고
고사리도 키우는 소일거리를 즐기시는가 보다
말벌은 가까이 둥지를 만들어 침입자들을 경계하고 있다
넓고 밝게 지내시라 깨끗이 청소해드리지만
그것들은 이미 엄마의 가족이 된 지 오래다

바람과 하늘 나무와 잡초까지 하나가 되어 있다
나는 뜨내기 나그네에 불과하다

초옥

아버지가
초옥으로 이사한 지 오십 년이다

새벽달 보며 뛰어도
내 집 장만은 하늘의 별 따기
쪼개진 집 다락에 살림을 내었다

아버지 초옥에도 다락을 내었다
초록 지붕 파란 하늘 대문
깊숙한 굴
너구리가 셋집을 내었다

초옥에 소주 한 잔 따라 놓고
아버지 늙은 자식 절 받으시오
너구리 다람쥐 토끼님 내 절 받으시오
고비야 제비꽃아 각시붓꽃아 내 절 받아다오
소나무야 상수리나무야
너희들도 내 절을 받아다오

아버지 머리맡에 집 지은 너구리에게
괘씸죄를 묻고자 하였으나
이 몸도 어머니 무릎에 베개 대고 누운 몸
애꿎은 봄바람에 헛팔매질만 한다

이홉들이

됫병을 좋아하는 아버지
이홉들이 병을 좋아하는 어머니

아버지가 내놓은 됫병
됫병들이 참깨 들깨 데리고
어머니 따라 방앗간에 다녀온다

큰아들 큰딸 참기름 들기름
작은아들 막내딸 참기름 들기름
큰집 작은집 조카들도 참기름 들기름
어머니의 뒷방 시렁 위에
이홉들이 소주병

참이 하나요 들이 하나요 참들이 하나요
참사랑이 하나요 들사랑이 하나요
나란히 나란히

제3부

흰머리

낡은 칫솔이 이 빠진 접시에 기댄 채
마당 한쪽 우물가에서 졸고 있다
검은 얼룩들이 판화처럼 깔려 있다
엄마의 머리를 까맣게 물들인 것이 틀림없는데
누가 엄마에게 한숨을 선물했을까
하얀 머리카락이 보인다
아침 거울 속에서 은밀하게 그 숫자를 불리고 있다
내 마음의 하얀 공허가 머리를 뚫고 나오는 것 같다
사람의 머리 색깔이 변하는 것은
과일의 색깔이 변하는 것과는 다를 것이다
인생은 영글어 맛 들어가는데
머리는 퇴색의 길을 놓치지 않는다
마음만은 푸른 색깔 그대로이면 얼마나 좋을까
자연의 순리대로 살고픈 마음과
앞서가는 젊은 걸음을 늦추고 싶은 마음이 교차된다
잘 익은 수박 한 조각을 베어 물며
수박처럼 달게 익어갈 나의 생을 응원한다

할미꽃

뒷간에 갈 힘도 없어
아랫도리마저 젊은것들에게 다 보여주고
눈 감고 웅크리고 지낸 긴 시간
수줍어 활짝 웃어보지 못하고
등에 난 종기에 핏빛 고름 짜내며
좋은 세상 기다린다고 어여 가라 하여도
혹시나 누가 붙잡아 주기를,
어깨가 들썩이고 갈비뼈가 아프도록
활짝 웃어볼 날이 있을 것 같아
핏빛 꽃잎이 하얀 솜털 털어내고
햇빛을 당당히 마주할 날이 있을 것 같아
견디고 견디다가 마지못해
별들이 쏟아지던 초사흘
화려한 잔치가 낯설었는지
어쩔 줄 몰라 수줍은 웃음을 감추고 가신 할머니
백세 축하 면서기의 선물상자 머리맡에 놔두고
아들을 기다리던 할머니
침상에 누워서도 흰 고무신 신고

오일장을 드나들며 도토리묵 팔던 할머니

햇볕 좋은 날
봄꽃 따라 안중 장날 마실 나온 할미꽃
수줍어 고개 숙인 흰머리 할미꽃

생일파티

요양원에서 여든아홉 번째 생일을 맞이하는
어떤 할머니
동무들이 휠체어에 빙 둘러앉아 생일 축하 노래를 부른다
먼저 간 아들을 제외하고도
할머니의 자식 손자들은 스물이 넘는다고 한다
꽃집을 하는 큰딸은 장미 백합 국화가 어우러진 꽃다발을
혼자 사는 며느리는 호박 시루떡을
박사인 손자는 커다란 수박을 다섯 통이나
손수레에 가득 실려 온다
머리에 고깔모자를 얹어놓고 케이크에 불을 붙이고
폭죽을 터뜨리는 순간
카메라 불빛이 반짝반짝
자식들의 왁자지껄한 웃음소리는
일순간의 바람처럼 사라져 가고
오물오물 맛나게 먹던 자식들도 다 떠나가고
빈 가슴에 부는 바람을 추스르지 못하는지
눈가에 이슬이 맺힌다
수박 한쪽과 요구르트, 떡 반쪽이 차려진

쟁반에는 소화제와 활명수가 후식처럼 놓여 있다
저 할머니 한여름 밤의 꿈에서 깨어나기라도 한 듯
몽롱한 시선으로 허공을 바라보고 있다
일장춘몽 같았을까
내일도 제 살붙이들을 더듬는 꿈을 꾸며
하루하루를 이어갈 것이다

사월의 비

비가 내리면 기다리는 사람이 온다
보고 싶은 사람이 온다
처마 끝에 똑똑 떨어지는 빗방울 소리
사랑하는 아들 영호가 고샅길 돌아오는 소리
—비 오는 날이라야 나를 볼 수 있다지
빗길을 걸어오는 아들의 발소리에 귀 기울이고
무릎걸음으로 툇마루를 오가며
아들이 좋아하는 화전을 부치던 늙은 어머니

요양원 가득 냄새가 진동한다
팥고물이 잔뜩 든 찐빵 봉투를 가슴에 안고
지친 몸 하나가 들어선다
꽃비가 흩날리는 마당을 가로질러
고랑 진 주름살이 예쁘기만 한 어머니를 뵈러 온다
노동에 지친 아들의 육신을 어루만지며
백한 살의 어머니는 피눈물을 감춘다
요양원 가득 뜨거운 모정의 향기가 진동한다
비가 자주 내렸으면 좋겠다

시래기

처마에 매달린 시래기 두름
가마솥에 단장하고
된장 보리밥에 어우러져
삼시세끼 밥상의 꽃이고파
칼바람 대거리도 마다않더니
울타리 비집고 들어온
아지랑이 봄바람에
사그락사그락 울음이 난다
늦가을 햇살에 기대어
꾸벅꾸벅 졸던 노인
마실 가듯 나가더니
살구꽃 피고 져도 소식조차 없어
기다림에 지쳐
애타는 목마름으로
꼬부라진 저 몸은 어이할까나
허물어진 담벼락을 타고 노는
저 담쟁이는 이런 마음을 알까 모를까

시집보내야지

어머니 치매 진단을 위해 보건소 가는 날
휠체어 밀고 길을 나선다
반듯하고 넓은 길을 갈까 하다가
어머니께 좀 더 많은 것을 보여주고 싶어서
시장 모퉁이를 돌아간다
시집보내야지
무심코 하시는 어머니 말씀
가슴이 쿵 내려앉는다
오십이 넘었고 이미 결혼한 딸에게
시집을 또 가라는 말인가
되물으니 멋쩍은 듯이
저것들을 넓은 곳으로 옮겨야지 하며
모판의 모종들을 가리킨다
길가에 상추, 고추, 오이, 가지 모종들이 즐비하다
봄볕을 받으며 예년의 봄처럼
씨앗들의 싹을 틔우고
또 그것들을 모종할 생각이 떠오른 것이다
자식을 낳아서 키우고 시집보냈듯이

이제 어머니는
자신의 인생을 어딘가로 시집보내려 하시는가?
어머니는 가끔 어머니의 인생을 잃어버릴 때가 있다
어디쯤에서 잃어버렸는지 모를 때가 있다

요양원의 봄

제대로 커보지도 못하고 못난이로 말라비틀어진
늦둥이 고추를 몇 개 달고
밭 가장자리에 드러누운 바람 든 빈 대궁
숭숭 빈 가슴에
배고픈 어린 아들 넷을 품고 사는 그녀
아들 며느리 손주들이랑
밥상에 둘러앉으면 더불어 데워지는 가슴으로
인자한 할머니가 된다
뒤돌아서면
배고픈 아들 배 채워야 하는 빈 대궁 같은 어미
부뚜막 찾아 요양원을 서성거린다
겨울 찬바람을 고스란히 받아내고도
저 넓은 밭을 내어준 마른 고춧대, 마른 가슴을
봄바람이 간질이는데
엎치락뒤치락 저 땅속이 수상하다고
차라리 저 붉은 태양을 섬기라지만
어린 아들들 등 따시게 구들장 달구는 불쏘시개로
제 몸을 활활 태울 것이다

가마솥에는 하얀 쌀밥이 익어가고
아들 넷 재잘대는 소리
아궁이 고춧대 펑펑 터지는 소리가
그저 듣기 좋을 뿐

유월의 찬바람

저 할아버지 노구에는 유월에도 찬바람이 들어차고 삭신이 쑤신다 현충일은 돌아왔으나 먼저 간 선배들을 찾아가 보지 못하는 마음이 아프다 한국전쟁에 퍼붓던 박격포도 비껴갔다는 저 육신, 휴전 동안 땅굴에 숨어 새긴 손등의 독수리는 아직도 서슬이 시퍼렇다 종전의 착각에 빠진 친구가 굴 밖으로 뛰쳐나가 만세를 외치다 날아온 총알에 쓰러진 일이 오히려 부러울 때도 있다 천 명의 전우들 속에서 살아남은 스물여섯 명 어디에서 무엇을 하고 있는지 살아있기는 한 것인지 두 다리로 걸어서 현충원에는 갔을까 담벼락의 덩굴장미가 핏빛 울음을 머금고 박씨 할아버지의 가슴을 찔러댄다 휠체어를 타고 가며 부르는 노인의 군가 박자를 맞추며 따라 걷는 늙은 아들의 뒷모습 허허로운 바람이 일렁일렁 따라가고 있다

곰국

병원에 계신 할머니를 위해 끓이는 곰국
곰솥이 들썩거리며 뜨거운 김을 내뿜는다
눈물을 흘린다
어머니의 주름진 마음을 읽은 듯 눈가도 젖어든다
황소처럼 기운 내시라 기도하며
소꼬리를 고와 곰국을 내리는 어머니
엄마 젖이 모자라 징징대던 손녀를 위해
할머니는 젖 많은 돼지족발을 하얗게 우려내며
두 손을 모으시곤 했다
에미야, 훌훌 마셔라
많이 먹고 젖이 폭포처럼 흘러라
우리 아기 넘치도록 먹을 수 있게
한때는 할머니의 사랑이 부엌을 가득 채우곤 했다
어머니의 정성이 보글보글 끓고 있는 곰솥
저 국물 한 그릇 드시면
할머니, 황소처럼 벌떡 일어날 것 같다

응급실에서

창밖은
햇살이 눈부시다
목련 꽃잎이 바람에 흩날린다
정신이 오락가락하는 할머니 옆에서
의사의 지청구를 듣는다
목이 탄다는 할머니, 환자에게 물 한 모금 물렸다고

얼굴이 피범벅이 된 젊은 여자가 산책길에
동물에게 물렸다며 정신을 놓는다
사색이 되어 울먹이는 늙은 여자도 의사의 타박을 듣는다
보호자가 정신 똑바로 챙기라고

한쪽에서는
젊은 남자가 노란 액체가 팔뚝으로 흘러드는 것을
초점 없는 눈으로 바라보고 있다
환의를 입은 여자아이는
떨어지는 목련 꽃잎을 쫓다가
노란 민들레꽃을 들여다본다

아이의 엉덩이가 들썩거린다

봄 햇살이 간지럼을 태우나 보다

꽃 접시

꽃 잔과 결혼하여 내 신혼집으로 묻어온
빨간 자주색 꽃 접시
나, 울고 웃으며 삐거덕거릴 때
설거지통에 처박힐 때도
싫은 기색 하나 없이
그윽한 커피 향을 받쳐 주었다
쨍그랑!
커피잔과 푸른 잎 접시의 마찰이 있던 날
멍들은 꽃 접시 김치 쪼가리를 외면하면서
곳곳이 상처투성이다
어느 날, 허브가 있는 요양원으로 이사를 하고
허브와 사랑에 빠진 꽃 접시
향기로운 향을 팡팡 나누어 준다
쪼글쪼글 주름 사이로
사랑이 피어오른다

느티나무

마을을 지키는 동구 밖의 어르신이다
저물녘이면 같이 엄마를 기다려주고
한여름에는 커다란 그늘을 내려
우리들의 놀이터가 되어 주었다
가을이면 낙엽 속에서 바람과 같이 웃었고
눈 쌓인 긴 겨울밤에는
낮에 만들어 놓은 눈사람을 지켜주었다
지금은 엄마도 친구도 없는 내 고향
초입에는 믿음직한 느티나무가 있다
팔월 보름 성묘하러 가는 나를 기다리고 있다
엄마 찾아가는 나를 마중하듯
지팡이에 기대어 하루를 견뎌내고 있다
빌딩 숲속에 둥실 떠오른 보름달 속에
고향의 느티나무가 손짓으로 나를 부른다
느티나무 따라 달 속으로 걸어 들어가면
누렁이가 꼬리치는 사립문이 열리고
엄마의 따뜻한 숨소리가 마중 나올 것 같다
밤마실을 나무라는 엄마의 목소리가 들릴 것 같다

출근 버스를 타면

출근 버스를 타면 오른쪽 창가에 앉으세요
할머니들이 좌판을 여느라 분주한 통복시장을 지나면 통복육교여요
통복천에 대파, 쪽파, 쑥갓들이 옹기종기 자라는 모습이 보일 거여요
넘칠 듯 말 듯 물을 안고 아슬아슬하게 논둑을 지키는 너른 들판이 휙휙 지나가고
우뚝 선 아파트가 지나면 창밖의 풍경에 집중하세요
보라색 꽃들이 듬성듬성 보일 거여요
화려하지 않아 무심코 지나칠 수가 있어요
궁안교가 시작되는 곳에 요즘 피기 시작했어요
온통 보라색인 그 꽃은
봄꽃들의 잔치가 끝나고 꽃의 여왕 장미가 피기 전
궁안교를 빛나게 하는데요
그 꽃이 궁금하여요

갈퀴나물이라오 등갈퀴나물이라오
산기슭이나 버려진 무지에서 자라는 덩굴성 식물이라오

잘 가꾸어진 꽃밭이 아니어도 반지르르하게 길을 내고 남은 자투리땅

길과 길이 만나면서 생기는 구석진 곳

바람 타고 온 쓰레기들이 모이고 뒤처진 빗물이 모인

웅덩이 근처에서도 핀다오

5~6월에 보라색으로 핀다오

내 어머니 꽃이라오

대지의 손바닥 굳은살에서 피는 꽃이라오

어머니 손등 성긴 주름살에서 피는 꽃이라오

이파리

온힘을 다해 지켜내고 있었다
언제나

연초록의 연한 떡잎이었던 때가 있었다
초록의 청년기에 들어
지킬 것 많으니
안으로 더 안으로 힘을 모아야 했다
발바닥에 굳은살이 박이도록 힘을 주고
붉은 태양을 견디었다
쩍쩍 흙이 갈라지도록 바닥도 붙잡았다

자라고 익어낸 홍시가
날도둑 새와 눈이 맞던 날
온몸의 힘을 빼고
낙엽이 되었다

장날

오일장이 언제더냐
밖에 나가려니 고무신이 없구나
한 켤레만 사다 다오
보리 한 말 팔아다가 돈을 줄 터이다
콩밭에 가려는데 고무신이 안 보이는구나
휠체어에 모신 할머니가 안중장을 둘러본다
맷돌에 콩 갈아 만들었다는 두부에 도토리묵
천리향에 화초들 들기름 참기름
뿌리까지 튼실한 민들레에 달래까지
있을 것은 다 있지만 할머니가 찾는 고무신은 없구나
인절미 목구멍을 넘기기도 힘들구나
많고 많은 물건 중에 검정 고무줄을 하나 고른다
고무줄 넣을 속곳도 없는데
입고 있는 기저귀에 고무줄을 넣을 수도 없는데
공동묘지 찾아가서
성한 다리 구걸이나 해 본다는 할머니의 고집
장터 귀퉁이의 할미꽃이 봄바람을 빌어
절레절레 고개를 흔든다

당신

온 집안을 따듯하게 하는 사람
가족을 지켜주는 사람
망망대해 등대 되어
넓고 깊은 그림자 되어
내 생의 중심이 되어 주는 사람
멀리까지 향기를 보내는 라일락처럼
눈에 보이지 않아도 당신의 향기는 그대로
봄이면 아지랑이 피는 들길을 함께 걷고
여름이면 창가에서
톡톡 빗방울 떨어지는 소리에 귀 기울이고
가을이면 단풍길을 같이 오르고
겨울이면 눈 위에 남긴 당신의 발자국을
따라 걷는 내 발길에서
행복은 뽀드득 리듬을 탄다
밝은 태양처럼
검은 밤을 지키는 보름달처럼
나를 지키고 빛내주는 당신
사랑입니다

제4부

유월

우물가에 동생과 신발 벗고 속닥속닥
빨간 앵두가 톡톡 뛰어들어
나도 씻겨줘

가로수 아래서 친구와 속닥속닥
까만 버찌가 투둑투둑 내려와
나도 끼워줘

고샅길 담장에 딱 붙어 연인과 속닥속닥
샛노란 살구가 데굴데굴 굴러와
나도 같이해

속리산

법주사 앞마당
색색의 조롱박이 줄지어 손님을 맞는다
시원한 샘물 한 바가지로 가쁜 숨 고르라 한다
불공을 드려도 좋고 해우소에 근심을 버려도 좋고
국화꽃만 바라보아도 좋으니
물 한 모금으로 심신의 여유는 챙기라 한다
문장대에 오르니 눈 아래 산봉우리들이
구름의 그림자를 등에 업고 몸을 낮추고 있다
군데군데 철 이른 단풍
보라색 산부추꽃도 바위틈에서 존재감을 내밀고
두꺼비도 거북이도 코뿔소도 속리산의 하늘이 좋아
바위로 변신하여 수억 년을 살고 있다
신선대에 오르니 갈바람 따라온
뭉게구름이 옷깃을 잡고
가쁜 숨 고르라고 동동주는 잔부터 내민다
천왕봉에 올라서니 가슴이 열리고
걸어온 길들, 나의 길들이 한눈에 보인다
버들치들의 두런거림을 엿들으며

계곡 따라 내려오는 길
노스님의 염불 소리에 바람과 들풀조차 조아린다
싸늘한 고요가 온몸을 휘감는 해거름이다

고성산 산행

벗 하나
군고구마 두 개
물에 헹군 신김치와 동행하는 고성산
깔딱고개 두 번 지나면
산고양이들도 함께하는
298m 정상

터줏대감 도토리묵 집이
커다란 물류센터에 잡아먹히었듯이
다람쥐는 청설모에게 자리를 내주고 말았나 보다
덩치 큰 청설모가 나무를 갈아타며 알아 달라 한다

가파른 내리막 끝나는 곳에 자리한 샘터에서
기지개를 켜고
굽이굽이 도란도란 등허리를 타고 넘으면
겨울에도 푸르른 채마밭이 있는
운수암이다

딱딱 딱딱딱
딱따구리 노역 소리가 산을 울린다
오색단풍이 아름다운 절집 둘레에는
오색딱따구리가 운수암을 지켜내고 있다

영인산의 봄

핏빛 영산홍 마주하고
흔들바위 업고 노는 상투봉
평상에 걸터앉아 물 한 모금
구름도 쉬어가는 숲속의 언덕 닫자봉
사방댐 정자에서 숨 고르고 네 발로 기어오르면
소나무 한 그루 옆에 하고
너른 들녘 바라보며 심호흡 즐기는 신선봉
또 한 고개 넘으면
동서남북 움직이는 364m 정상 표지석
전망대 전나무숲
검은 나무 전봇대에서는 유령 냄새가 난다
아산만을 가로지른 철로가 탑으로 아른거리는 깃대봉
스치듯 지나치는 연화봉
봉우리 여섯 개를 아우르는 영인산이다
노란 산수유꽃이 놓을 때를 놓쳐버린 묵은 열매를 달고
검붉은 울음을 울어내고 있다
생사(生死)가 한 몸이다

소군산을 바라보며

칠봉정에 드러누워
일곱 개의 봉우리와 뭉게구름 날아다니는 파란 하늘
칠봉을 병풍 삼아
벼 이삭이 고개를 숙이는 논
키다리 들깨, 앉은뱅이 고구마가 자라는 밭을 바라본다
청개구리 두 마리 해바라기 꽃밭에서 노닌다
뜨거운 햇살에 데일까 봐 걱정하는
나그네의 속마음이 가을 햇살에 타들어 간다
폴짝폴짝 개구리 두 마리 한길을 가로질러 가는데
세속에 찌든 나그네는 흐르는 개울 물소리에도
달려오는 자동차 소리에도 가슴이 졸아든다
논둑을 빙그르 둘러선 해바라기는
노란 웃음으로 개구리 모녀를 불러들인나
한가로운 누각에서 하늘과 구름을 우러르니
따라온 욕심들이 일곱 개의 봉우리로 날아가고
새털같이 가벼운 바람만이 일렁일렁
저마다의 분복(分福)을 쓰고 있다

진위천의 가을

푸르른 산자락에 붉은 옷 입힌 가을바람이
이리로 흔들 저리로 흔들
진위천 억새에 몸을 실었다
바람은 눈이 부시게
은발의 억새를 춤추게 하네
가을 사람은 춤추게 하네

푸르른 평택평야 황금빛으로 물들인 저 태양
이리로 출렁 저리로 출렁
진위천 물결에 몸을 실었다
햇살은 눈이 부시게
물결을 따라서 춤을 추고 있네
가을 햇살은 춤을 추고 있네

은발의 멋쟁이는 진위천 둔덕에서
건들건들 춤을 추고
금발의 멋쟁이는 진위천 수면에서
꿀렁꿀렁 노래하네

건들건들 춤추고 꿀렁꿀렁 노래하는
진위천의 가을이네

안성천 쉼터

안성천에서
물새들의 쉼터를 본다
억새들이 조금씩 자리를 넓혀 가면서 만든 터전
모래들이 가문 강을 조금씩 움직이며 쌓은 풀등이다
청둥오리가 주인행세를 하고
덩치 큰 가마우지가 붕어를 낚아채 뛰어들고
갈매기도 날다 쉬어가는 곳
부러진 억새에 기댄 듯 살아가는 곳
긴 다리 하나로 곡예하듯 백로도 쉬어 가는 곳
저녁이면 붉은 노을도 반짝 앉았다 가고
물길 가운데 만들어져 섬 아닌 섬이 되었다
바닷가 수평선도 아닌데
멀게만 느껴지는 물새들의 쉼터
아이가 밤사이 이불에 오줌을 눈 그림 같고
도화지 위에 물감으로 한번 쓰윽 그어
쉽게 완성된 것 같은 날개들의 보금자리
캄캄한 밤길을 가다 만난 불 켜진 집처럼
창호지에 그림자 아른거리는 그리움이 흐른다

무작정 들어가고 싶어지는 평온함이 있는 곳
바람 소리 물소리 그윽한
물새들의 쉼터가 안성천에 있다

궁안교

궁안교 아래 흐르는 강물은
시골 버스를 만원 버스로 만든다
허름한 낚시 가방을 멘 사람들이
궁안교 강물을 사이로 두고 앉아
서로의 안부를 물으며 하루를 시작한다
젊은 날 일터로 향하던 발걸음은
다리 밑 물길에 머문다

IMF 때 언니가 보내준 감자
삶은 감자를 들고 궁안교로 향하는 남편
배고픈 잉어와 감자를 나누어 먹고
빈 시간을 채우며 허허로워했다
물결만이 유유히 흐르며 기다림을 배우게 했던 곳
가정의 울타리를 지키게 해준 궁안교 물결이
갈 곳 없는 퇴직자들을 소리 없이 반긴다
흔들리는 은빛 억새 사이로
희끗희끗한 머리칼이 반짝이는 오후
물고기들은 수면에서 햇빛을 받아 톡톡

재롱을 부리는데
스산한 바람은 모르는 척 지나간다
궁안교에서 터득한 기다림의 철학은
나의 삶을 지치지 않게 해주었다

썰매 기차

쌩쌩 나부끼는 매력적인 문장
얼음 썰매 무료 운행
철삿줄 박아 만든 나무 썰매 무료
플라스틱 썰매 기차 무료
꽁꽁 언 논은 입장료가 사천 원
폐타이어 여러 개 묶어
딸딸이가 끌어주는 얼음 기차는 일천 원
어묵 국물에 떡볶이 오천 원
얼굴을 때리는 찬바람은 공짜라
만 원으로 행복의 순간을 샀다
내 고향 벌수에는
비료 포대 하나면
눈 쌓인 언덕과 꽁꽁 언 냇가도
하얀색 들판도 내 것이었다
동치미 국물에 군고구마는 포상이었다
발갛게 언 볼때기
꽁꽁 얼어버린 손발로 폴짝거리는 아이를 보며
내 유년의 풍경 속으로 빠져든다

봄은

어느 날 제비꽃이 피었다
보라색 꽃이 밟힌다
저리도 많은 발자국이 지나간 그곳에
제비꽃이 무리를 이루었다
햇살은 아지랑이 울타리를 만들어
저 무지한 땅에 꽃을 피웠다
바람은 낙엽 지붕을 만들어
꽃씨를 품게 하고
흐드러진 보라색 꽃밭을 만들었다
껍질도 잔가지도 다 쳐내고 몸통만 남아 있던
우체국 앞 모과나무는
새파란 싹을 온몸으로 쑤욱 쑥 내밀고 있다

봄은 아마도
햇살과 바람이 암내를 풍기고 다니는 계절인가 보다

까치야

아카시나무 꼭대기에 집을 짓고 사는 까치야
빈집인 줄 알았는데
꽃 속에 파묻혀 두리번거리는 너를 보고
무척이나 놀랐다
밥풀 같은 꽃들이 태산을 이룬
너의 집은 어떠니
아카시아꽃들이 품어내는 향을
너는 어떻게 감당하고 있는 거냐
나는 잠깐 스치면서도
그 향기에 정신을 놓아버린 순간이 한두 번이 아닌데
뭐라고?
응?
너희도 짝이 있구나
너희들의 애정행각이 저 아카시아꽃들에 불을 지폈구나
오월을 즐기는구나
저 논들이 연푸르게 꽉 찰 때까지
그 향기 함께하자 했는데
빠르게도 하얗게 피더니

벌써 푸른 잎에 기가 약해졌구나
하얀 꽃숭어리가 푸른 잎에 힘을 실어주는구나

미나리 예찬

오월 햇빛이 눈부신 날
나물거리 찾아 들녘으로 나서니
민들레, 씀바귀, 냉이는 꽃으로 반긴다
돌 틈 미나리가 향으로 반긴다
쪼그리고 앉아 오순도순 웃음소리 커지니
바구니의 미나리도 풍성해진다
사시사철 먹을 수 있는 미나리지만
들녘의 돌미나리는 특히 향이 진하고 맛이 좋다
어릴 적, 봄바람이 살랑거리기 시작하면
바구니 들고 동무들과 들판을 돌아다녔다
어린 새순들은 웬만하면 먹을 수 있는 반찬거리였다
냉이, 쑥, 싸리, 씀바귀……
어느새 햇살이 뜨거우면
꽃피고 억세어서 먹을 수가 없지만
미나리는 쑥쑥 자라도 줄기는 더 연하고 맛있다
논두렁이나 돌 틈의 미나리는
키가 작고 붉은색이 도는 돌미나리이다
개울가 물속에서 자라는 키 크고 부드러운 물미나리

뿌리를 캐다가 집에서 물속에 담가 놓으면 쑥쑥 자란다
미나리 향이 필요할 때 잘라서 쓴다
꽃을 피우고 열매를 맺는 친구들도 좋지만
사시사철 푸르고 진한 향을 내는 미나리가 좋다
미나리나물을 무치는 저녁이다

은행나무 애수

늦은 가을
은행나무 아래에서는
고약한 냄새가 난다
담벼락 사이에 뿌리를 내린
가냘픈 코스모스는 여린 꽃을 피웠는데
누구는 구릿한 냄새만 풍긴다
노란 은행잎이 이쁘다고
구린내까지 이쁜 것은 아니다
밟히어 으깨어진 은행의 자존심이
바람 든 것들처럼 냄새를 쏟아낸다
파헤쳐진 블록으로 냄새도 따라간다
논갈이하듯 뒤집히는 블록 속으로
눈 가리고 아웅이라는 듯,
냄새를 피하고자 하였는지
가냘픈 코스모스 헛몸짓이
은행나무 가지 사이 가을 허공을 가른다

춘설

삼월의 눈이다
산수유 꽃망울에 봄눈이 앉는다
꽃잎인 양
넓적한 눈송이가 나풀나풀 내린다
물먹은 눈이
솔잎 위에 앉아서
소나무에 새하얀 망토를 입혔다
메마른 대지에
반짝,
봄눈이 인사처럼 다녀간다
눈물 머금은 매화가
꽃망울을 팡팡 터트린다
설중매다

꽃과 함께

혼자 걷던 꽃길
하얀 밤에 그대와 다시 걷는다
꽃샘바람에 꽃잎 떨어질세라
살랑살랑 부는 바람에 그대 마음 뺏길세라
그대의 하얀 웃음 따라
나풀나풀 꽃잎을 흩날리며
꽃비가 되어 두 마음을 맺어주네
꽃과 함께 걸어가는 길
가로등도 눈썹달도 함께하는 밤
우리들 가슴에 차고 넘치는 사랑이어라
살랑살랑 부는 바람도 그대 마음 뺏지 못하네
그대와 함께 걷던 꽃길
그대와 다시 걷는다, 하얀 밤에
가로등도 눈썹달도 함께하는 밤
살랑거리는 바람에
꽃잎은 하롱하롱 나비가 되어
나풀나풀 꽃잎은 꽃비가 되어
두 마음을 감싸주네

해설

'엄마라는 철학'의 근원

백인덕(시인)

1.

시는 재현의 양식이지만 기억과 상상을 바탕으로 대상을 상황에 맞춰 변주한다. 또한 지극히 평범한 나무 한 그루를 낡은 관념에서 건져 올려 감정이 살아 움직이는 고향의 생생한 표상으로 만들기도 한다. 사물만이 아니라 개념도 마찬가지다. 단순히 이해하고 마는 대상이 아니라 공감의 지평에 펼쳐진 선택의 갈림길이 되게 한다. '모성은 존재의 근원'이라는 명제는 궁극의 진리를 함의한다. 부정하거나 토를 달기 어렵다. 하지만 이 명제를 이해하기 위해서는 '모성'이라는 단어가 품고 있는 의미를 알아야 한다. 또한 존재, 근원이라는 단어의 의미도 정확하게 파악해야 한다. 거기서 끝나는 것이 아니라 조사의 격(格)을 파악해야 하고, 문법적으로 주어부와 서술부의 역할도 고려해야 한다. 그렇다고 해서 이 명제의 표면적 이해가 끝나는 것이 아니다. 이 명제의 '모성'은 곧바로 현실의 '엄마'로, '존재'는 '나(주체)'로 치환되지 않는다. 개념을 구체화하기 위해서 보편성이라는 질긴 껍질을 찢는 개별화의 수고가 또 필요하다. 즉, 모성의 전형과 모든 존재가 필요한 것이 아니라 현실의 엄마와 주체로서의 나의 관계, 그 관계를 특정할 수 있는 사건, 특별한 구체적인 시공간이 있어야만 한다. 시는 이 '시공간'을 현재의 필요에 따라 시작의 순간마다 재설정한다는 점에서 창조적 재현이다.

안문 시인은 지상의 표상에 충실하다. 이 말은 일차적으로 자신의 기억과 체험을 주요 모티프로 하여 그 형상화에 힘쓴다는 의미이다. 나아가 감정적 동요가 일어날 수밖에 없는 여러 사태를 회상하면서도 복잡하고 어두운 내면으로 도피하거나 절대자나 운명, 규범(체계) 등에 의지하여 초월하려는 경향을 보이지 않는다는 뜻이다. 오히려 안문 시인은 '모성'을 중심으로 '고향, 밤, 깊이를 간직한 집, 지혜와 생기(生氣)를 보여준 자연' 등의 원형적 의미를 지향한다. 시인은 묵묵히 '엄마라는 철학'을 사유하고 수행하면서 단독자, 개별 존재라는 지상의 한계를 스스로 극복하고 보편적 '모성'에 새로운 형질을 추가하며 작품을 형상화하고 있다.

산기슭이나 버려진 무지에서 자라는 덩굴성 식물이라오
잘 가꾸어진 꽃밭이 아니어도 반지르르하게 길을 내고
남은 자투리땅
길과 길이 만나면서 생기는 구석진 곳
바람 타고 온 쓰레기들이 모이고 뒤처진 빗물이 모인
웅덩이 근처에서도 핀다오
5~6월에 보라색으로 핀다오
내 어머니 꽃이라오
대지의 손바닥 굳은살에서 피는 꽃이라오
어머니 손등 성긴 주름살에서 피는 꽃이라오

—「출근 버스를 타면」 부분

시인은 엄밀하게 '모성(母性)'과 '모정(母情)'을 구분하지 않는다. 본능에 따른 의지적 행위와 정감의 흐름을 특별히 구별해야 할 필요를 느끼지 못하는 것이다. 이는 사랑을 내리받는 위치와 내려 주는 위치가 시간이 흐르면 자연스레 갈라지기 때문에 의식적으로 주의를 기울이지 않아도 되는 문제인 셈이다. 이 두 위치에서 화자는 '출근 버스'를 타는 여성으로 등장한다. 이 작품에는 '통복시장', '궁안교'라는 지명과 "봄꽃들의 잔치가 끝나고 꽃의 여왕 장미가 피기 전"이라는 '보라색 꽃'의 개화 시기도 명기되어 있다. 상상이 아니라 현실에서, 기억이 아니라 관찰을 통해, 비유적 매개물에서 어머니의 모습을

발견했다는 것을 강조하기 위한 시적 장치로 보인다. '산기슭', '무지', '자투리땅', '구석진 곳', '웅덩이 근처'로 열거된 개화 장소는 화려하지 않은 꽃의 외형과 잘 어울리기도 하지만 오히려 강인한 생명력을 가졌다는 의미를 함축한다. 그래서 시인은 그 꽃을 "내 어머니 꽃"이라 단정할 수 있고, "대지의 손바닥 굳은살 = 어머니 손등 성긴 주름살"의 등가성, 즉 모성이라는 대지에서 발현한다는 것을 자연스럽게 유추할 수 있다.

택배가 왔다
상자를 열자마자 봄이 쏟아진다
냉이 민들레 돌나물 여린 쑥들이
한 보따리씩 들려 나온다
보따리 풀어주니 봄의 향기들이
집안을 마구 돌아다닌다
마지막에 들려 나오는 청국장 한 덩어리
구수하고 퀴퀴한 냄새가
엄마라는 철학을 대신 전해준다
마당의 수선화가 노랗게 꽃을 피웠으니
보러 오너라, 한번 다녀가거라
엄마의 삐뚤삐뚤한 글씨가 한쪽에 자리하고 있다
암탉이 봄기운에 알을 쑥쑥 잘 낳는다는 말은
추신처럼 적혀 있다

봄 햇살이 익어가는 장독대 위에서
나풀나풀 나풀거리는 머릿수건이
나의 두 눈에 어룽지는 봄날이다

—「엄마라는 철학」 전문

일상에서 시간은 늘 균질적으로 우리를 스쳐 흐르지만, 계절의 변화는 그 시간의 '때'의 알림을 통해 자각되지 않는다. 계절은 그 존재가 원초적으로 귀속하는 지상의 물질 표상의 변화로 스스로 드러난다. 누구는 물색의 바뀜과 산 그림자의 깊이를, 어떤 이는 바람의 냄새를 통하겠지만 대개는 대지의 종속된 존재로 흙의 생산물을 기준으로 삼는다. 시인은 이미 그 대지와 물리적, 심리적 거리가 있는 상황이지만, "택배가 왔다/상자를 열자마자 봄이 쏟아진다"라고 느낄 수 있다. 그 거리가 지나치게 딱딱하게 굳어버린 것이 아니라서 시인은 집안을 마구 돌아다니는 '봄의 향기'들만으로도 대지와의 연대를 쉽게 회복할 수 있다. 이런 회복력은 시인의 기억이 트라우마의 저장소가 아니라 생기가 깃든 곳간이라는 사실을 반증한다.

작품은 "청국장 한 덩어리"가 전해주는 "엄마라는 철학"에 대한 우회 진술이다. "구수하고 퀴퀴한 냄새"는 청국장이라는 물질의 본질에 가깝다. "마당의 수선화가 노랗게 꽃을 피웠으니"와 "암탉이 봄기운에 알을 쑥쑥 잘 낳는다"라는 엄마의 삐뚤

삐뚤한 글씨는 "한번 다녀가거라"라는 엄마의 수수한 속마음을 전하는 봄날의 전언이다. 이런 자세는 무엇이든 드러내놓고 종용하기보다 때가 무르익기를 기다리며 "더러는 추억을 되새기며 마음을 쓸고 닦기도 한다"(「빗자루」)라는 시인의 '엄마라는 철학'의 실행 방식이다.

2.

안문 시인의 정서적 회복력, 혹은 생기를 지향하는 시적 자세는 '유년과 집'이라는 기본 범주와 '가족과 고향'이라는 좀 더 확장된 영역에서의 기억과 관련된다. 이것은 모두 대지의 속성과 관련하며 그 중심에 '엄마', 즉 건강하고 생생한 근원으로서의 '엄마'가 자리한다. 시인은 여러 기억의 내용을 소환할 때마다, 마지막 거름망처럼 엄마의 내용, 혹은 관련성을 되살린다. 이는 자기검열이 아니라 정화(catharsis)에 가깝다.

고추를 수확하면
검정 구두 사 준다는 엄마 말이 귓가를 맴돌아
삼태기에 거름을 담아
밭고랑에 휘휘 뿌리며 앞으로 나간다
칠월이면 빨간 고추가 주렁주렁 열리고
밭고랑의 강낭콩도 마루 가득 말라갈 것이다

고추를 따다가 목마를 때 뚝 잘라 씹으면
입안 가득 고이는 단물에 마음을 돌린다
내 키보다 더 자랄 옥수숫대와 단수숫대를
떠올리며 엄마와 함께 거름을 내던
농경의 날들을 잊지 못한다

—「두엄 내던 날」 부분

위의 작품은 유년의 기억을 내용으로 한다. 「두엄 내던 날」은 제목에서 쉽게 알 수 있듯이 밭농사의 과정 속에서 시인과 엄마와의 일대일의 관계, 혹은 정서적 교감이 주 내용이다. "고추를 수확하면/검정 구두를 사 준다는 엄마 말"은 아마도 허언이 아니었을 것이다. 훗날 '성남 수진리 고개'에 잠깐 머물던 스무 살의 작은 둥지를 찾아가 없는 냄비 대신에 '빨간 커피포트'에 고등어를 조린 순발력, 아니 "생선 한 토막 먹이고 싶던 어머니의 마음"(「빨간 커피포트」)을 보여주었던 딸이라면 구두를 사는 것은 엄마의 큰 계획에 들어 있었음이 분명하다. 어쨌든 시인은 엄마와의 일대일의 관계에서도 삼성석 유대가 강했다는 것을 여러 작품에서 보여주고 있다.

현관에서 만난 신발들
밖에서 무얼 하고 왔을까
뒷굽이 비스듬하게 낡은 아빠 구두

엄마의 빨간 뾰족구두
아들 딸 운동화
돌아온 가족들의 분신
가족들을 집으로 인도한 충견 같은 신발들
무사히 돌아온 신발들끼리
하루의 행방을 묻고 있는지도 모른다
첫아이를 가진 후 예쁜 신발부터 샀다
앙증맞고 예쁜 신발을 마주하고
아장아장 걷는 아이를 생각하며
얘기를 나누었다
바둑이와 같이 뒹구는 토방 위의 신발들
이부자리 하나로 싸우던 오 남매
윗목에서 못 본 척 구멍 난 양말을 깁던 엄마
시린 달빛 아래 초가지붕의 하얀 박꽃이
잇몸을 드러내며 웃고 있었다

—「신발」 전문

'빗자루', '뒤란', '마루', '두지'가 고향 옛집과 자연스레 연결된다면 '신발', 특히 "현관에서 만난 신발들"은 현재의 거처를 연상케 한다. 농촌과 도시, 유년과 성년 이후, 딸과 엄마라는 자격 등에서 상당한 물리적, 심리적 거리가 존재하지만, 시인은 "돌아온 가족들의 분신"에 안도하면서 첫 아이의 신발을 샀던 기억을 거쳐 "바둑이와 같이 뒹구는 토방 위의 신발들"로 시간을 역행한다. 물론 이것은 시인의 정서적 근원인 "구멍 난 양말을 깁던 엄마"를 향한 방향이라는 점에서는 순행이라 해야 한다. 이 순행을 통해 시인의 작품은 안정성을 회복한다.

> 삭아 가는 주목의 몸에 씨앗을 틔워
> 어엿한 청년으로 자란 은사시나무를 무연히 바라보니
> 엄마의 가슴에 숭숭 구멍을 내고
> 바람이 드나들게 하면서 자라온 나를 보는 것 같다
> 스스로 자라는 줄 알았던 내가 잠시 멈칫거린다
> 내 힘으로 이룬 일은 아무것도 없었다는 것을
> 아주 한참 뒤에 알았다
>
> —「은사시나무」 부분

불가피하게 닥치는 고통에 둔감해지기 위한 수만 가지 지침이 있을 것이다. 우리의 고통은 시간을 지나면서 경험할 수밖에 없다는 것, 즉 비가역적 시간을 산다는 데서 초래된다. 기억 속에서 생생하고 팔팔한 것은 그대로지만 눈 떠 살펴보면 사방 군데군데가 허물어져 있는 것이 현실이다. 시인은 주목의 한가운데를 파고들어 아름드리로 성장하고 있는 '은사시나무'를 통해, '무연히' 바라봄을 통해 주목처럼 변해버린 엄마를 발견한다. "스스로 자라는 줄 알았던 내가" "내 힘으로 이룬 일은 아무것도 없었다"라는 고백은 시인 자신의 성찰이지만, 엄마를 향한 참회와도 같고, 미래에 듣게 될 말의 예견이기도 하다.

3.

현대 사회에서 극히 일부, 최소한의 규모를 제외하고 모계사회의 형태를 찾아보기는 매우 어렵다. 동아시아 특히, 우리의 경우는 가부장제의 영향력이 아직도 막대하다. 그렇다고 모계사회의 전통이 모두 사라진 것은 아니다. 모계사회는 법이나 위계 같은 인위적 서열보다 혈연관계를 중시하고, 기술적 일 처리에 앞서 협동을 중시하며, 자연의 변형보다 수용적인 적응을 강조한다. 특히 '출산'이라는 중대 사건에서 이러한 특징은 강한 이점으로 작용한다.

병원에 계신 할머니를 위해 끓이는 곰국
곰솥이 들썩거리며 뜨거운 김을 내뿜는다
눈물을 흘린다
어머니의 주름진 마음을 읽은 듯 눈가도 젖어든다
황소처럼 기운 내시라 기도하며
소꼬리를 고와 곰국을 내리는 어머니
엄마 젖이 모자라 징징대던 손녀를 위해

할머니는 젖 많은 돼지족발을 하얗게 우려내며
두 손을 모으시곤 했다
에미야, 훌훌 마셔라
많이 먹고 젖이 폭포처럼 흘러라
우리 아기 넘치도록 먹을 수 있게
한때는 할머니의 사랑이 부엌을 가득 채우곤 했다
어머니의 정성이 보글보글 끓고 있는 곰솥
저 국물 한 그릇 드시면
할머니, 황소처럼 벌떡 일어날 것 같다

—「곰국」 전문

'곰국'은 뼈와 살을 한꺼번에 우려낸다는 데서 자못 의미가 깊다. 전부이면서 하나라는 의미가 생성될 여건이 마련되는 것이다. 이 작품은 "병원에 계신 할머니"를 위해 "곰국을 내리는 어머니"의 위아래 3대가 등장한다. 그뿐 아니라, 할머니의 내리사랑을 듬뿍 받은 '우리 아기'로 시인이 등장한다. 여성 3대가 사랑과 돌봄이라는 가치로 연결되는 것이다.

엄마가 된 시인은 버스에서 도시락을 잃어버린 딸내미를 통해 '사각의 노란 양은도시락'의 기억을 되살린다. 비록 '김치와 보리밥'의 소찬이었지만, "그 도시락을 까먹으며/청춘 찬가를 부르고/시인으로 여자로 엄마로의 성장을 꿈꾸던/내 생의 격변기는 아무 탈 없이 잘도 여물었다"(「양은도시락을 추억

함」)라고 술회한다. 딸에게 무엇을 드러내놓고 종용하지 않고 무르익어 스스로 깨우치길 바라는 그런 실행 방식이다. 이 철학을 통해 엄마와 딸이자 엄마인 시인과 "나보다 훌쩍 커버린 고3의 딸"(「엄마의 아침」)인 3대가 다시 연결된다.

마을을 지키는 동구 밖의 어르신이다
저물녘이면 같이 엄마를 기다려주고
한여름에는 커다란 그늘을 내려
우리들의 놀이터가 되어 주었다
가을이면 낙엽 속에서 바람과 같이 웃었고
눈 쌓인 긴 겨울밤에는
낮에 만들어 놓은 눈사람을 지켜주었다
지금은 엄마도 친구도 없는 내 고향
초입에는 믿음직한 느티나무가 있다
팔월 보름 성묘하러 가는 나를 기다리고 있다
엄마 찾아가는 나를 마중하듯
지팡이에 기대어 하루를 견뎌내고 있다
빌딩 숲속에 둥실 떠오른 보름달 속에
고향의 느티나무가 손짓으로 나를 부른다
느티나무 따라 달 속으로 걸어 들어가면
누렁이가 꼬리치는 사립문이 열리고
엄마의 따뜻한 숨소리가 마중 나올 것 같다

밤마실을 나무라는 엄마의 목소리가 들릴 것 같다

—「느티나무」 전문

안문 시인의 정서적 건전성, 또는 강한 서정적 회복력은 '엄마'라는 존재의 근원이 아직도 생생하게 건재하다는 것을 역설적으로 함의한다. 시인은 "3월에 날아간 엄마가/5월에 땅비싸리로 돌아오셨"다고 믿는다. "엄마가 거주하고 있는/마을이 내려다보이는 그곳이 꽃밭"(「땅비싸리꽃」)이기에 엄마의 향기를 맡으며 생전의 엄마를 본다. "빌딩 숲속에 둥실 떠오른 보름달 속에/고향의 느티나무가 손사래를 치며 나를 부"르는 유년을 아직 기억하고 있으므로, 작고 좁은 꽃밭에서 엄마의 향기를 아직 맡을 수 있기에 시인은 대지와 결속된 생명의 시작을 결코 멈출 수 없을 것이다.

문학의전당 시인선 362

누가 엄마에게 한숨을 선물했을까

초판 1쇄 인쇄 2023년 7월 10일
초판 1쇄 발행 2023년 7월 18일
지은이 안문
펴낸이 고영
디자인 헤이존
펴낸곳 문학의전당
출판등록 제448-251002012000043호
주소 충북 단양군 적성면 도곡파랑로 178
전화 043-421-1977
전자우편 sbpoem@naver.com

ISBN 979-11-5896-598-3 03810